Dulce María Loynaz

ABSOLUTE SOLITUDE

SELECTED PROSE POEMS

TRANSLATED FROM THE SPANISH

BY JAMES O'CONNOR

archipelago books

First published as *Poemas Sin Nombre* by Aguilar, Madrid, 1953
and *Melancolía de Otoño*, Ediciones Hermano Loynaz, Cuba, 1997
First Archipelago Books Edition, 2016

The following poems first appeared in Carcanet's *Against Heaven* © 2007: from *Poemas sin nombre*: 1–7, 9, 12, 13, 15, 17, 21, 22, 24, 25, 26, 27, 29, 30, 33, 34, 36, 39, 40, 41-45, 47, 50, 51–53, 57-61, 65, 68, 70, 72, 73, 77, 78, 83, 86-89, 91-93, 96, 98, 102, 104, 105, 110, 11, 114, 117, 121, 122; from *Melancolía de Otoño*: 5, 13, 17, 21, 24, 26, 33, 39, 40, 43, 44, 45, 46, 52, 73, 82, 106, 109, 110, 111, 113, 115, 116, 136, 143, 147

Archipelago Books
232 Third Street #AIII, Brooklyn, NY 11215
www.archipelagobooks.org

LIBRARY OF CONGRESS CATALOGING-IN-PUBLICATION DATA
Names: Loynaz, Dulce María, 1902–1997, author. | O'Connor, James, 1966– translator. | Loynaz, Dulce María, 1902–1997. Poemas sin nombre. English. | Loynaz, Dulce María, 1902–1997. Melancolía de otoño. English.
Title: Absolute solitude : selected prose poems / by Dulce María Loynaz ; translated from the Spanish by James O'Connor.
Description: First Archipelago Books edition. | Brooklyn, NY : Archipelago Books, 2016. | "First published as Poemas Sin Nombre by Aguilar, Madrid, 1953, and, Melancolía de otoño, Ediciones Hermano Loynaz, Cuba, 1997. | Includes bibliographical references and index.
Identifiers: LCCN 2016000577 | ISBN 9780914671220 (pbk. : alk. paper)
Subjects: LCSH: Loynaz, Dulce María, 1902-1997—Translations into English.
Classification: LCC PQ7389.L78 A2 2016 | DDC 861/.64—dc23
LC record available at http://lccn.loc.gov/2016000577

Distributed by Penguin Random House: www.penguinrandomhouse.com

Archipelago Books gratefully acknowledges the generous support from Lannan Foundation, the New York City Department of Cultural Affairs, the New York State Council on the Arts, a state agency, and the National Endowment for the Arts.

Printed in the United States of America

Absolute Solitude

de *Poemas sin nombre* | from *Poems Without Names*

1953

I

Señor, las criaturas que enviaste ya están aquí, aleteando junto a mi cabeza.

Yo las sujeto por un hilo de sangre y temo que se rompa el hilo …
A pesar de que todavía no las veo, inmersas como están en la tiniebla, yo creo que son muchas, y creo también que algunas son hermosas y dignas de vivir.

Pero mira, Señor, que no puedo alimentarlas todas con esta poca sangre mía; ni quiero ya que se me mueran, como no quiere la madre perder el hijo concebido, aunque no lo deseara antes y le sea fruto de fatigas después.

Dame, Señor, una de tus estrellas de nodriza para estos hijos de menguada madre …

Dame para ellos el vestido de los lirios, ya que no sé tejer …

I

Lord, the cherubs you sent are here now, beating their wings above my head.

I cling to them by a thread of blood, but I'm afraid the thread is about to snap.

And being plunged in darkness I still can't see them, but I believe they are many, and some are beautiful and deserve to live.

Look, Lord. I can't feed them all with this meager blood of mine, and like any mother who fears losing the child in her womb – although she might have never wanted him before and he might become nothing more than the fruit of her labor after – I don't want a single one to die.

Lord, grant me a star to nurse these children of a mother in decline.

And since I've forgotten how to sew, give me, just for them, the raiment of the lilies.

II

Yo dejo mi palabra en el aire, sin llaves y sin velos.

Porque ella no es un arca de codicia, ni una mujer coqueta que trata de parecer más hermosa de lo que es.

Yo dejo mi palabra en el aire, para que todos la vean, la palpen, la estrujen o la expriman.

Nada hay en ella que no sea yo misma; pero en ceñirla como cilicio y no como manto pudiera estar toda mi ciencia.

II

I cast my word on the wind without keys and without veils.

It is not a coffer for the things we covet. Nor a coquette trying to be more beautiful than she is.

I cast my word on the wind so everyone might see it, feel it, squeeze it, or squander it.

There is nothing in it that is not me myself, and my wisdom, if I have any, lies in my wearing it not like a shawl, but like a hair shirt.

III

Sólo clavándose en la sombra, chupando gota a gota el jugo vivo de la sombra, se logra hacer para arriba obra noble y perdurable.

Grato es el aire, grata la luz; pero no se puede ser todo flor…, y el que no ponga el alma de raíz, se seca.

III

Only by devoting oneself to darkness, absorbing its deep waters drop by drop, can one give rise to a noble, lasting work of art.

Pleasant is the air, and pleasant the light, but not everything can flower, and he who fails to surrender his soul to darkness will wither.

IV

Con mi cuerpo y con mi alma he podido hacer siempre lo que quise.

Mi alma era rebelde y, como los domadores en el circo, tuve que enfrentarme con ella, látigo en mano …

Pero la hice al fin saltar aros de fuego.

Mi cuerpo fue más dócil. En realidad, estaba cansado de aquel trajín de alma y sólo quería que lo libraran de ella.

No acerté a hacerlo; pero ahora, en paz con mi alma y acaso un poco en deuda con mi cuerpo, pienso que rebañé en los dos algunas migajas de Marta y algunas otras de María …

Migajas nada más; pero me bastan para poder decir, cuando me lo pregunten, que he servido al Señor.

IV

Body and soul, I always had my way.

My soul was rebellious. Like a lion tamer in a circus I had to confront it whip in hand. In the end I made it jump through rings of fire.

My body was more submissive. The truth is, it was weary of my soul's constant coming and going. It wanted nothing more to do with it.

I didn't manage to free it, but at peace with my soul and a little bit in debt, perhaps, to my body, I gathered up into the two of them, not unlike a shepherdess, a few fragments of Martha and a few of Mary.

Fragments, nothing more. But enough to tell them, when they come and ask me, I have served God.

V

Todas las mañanas hay una rosa que se pudre en la caja de un muerto.

Todas las noches hay treinta monedas que compran a Dios.

Tú, que te quejas de la traición cuando te muerde o del fango
cuando te salpica … Tú, que quieres amar sin sombra y sin fatiga …
¿Acaso es tu amor más que la rosa o más que Dios?

V

Every morning a rose rots in somebody's coffin.

Every night God is sold for thirty pieces of silver.

And you complain of betrayal when it bites into your side, of mud when it splatters your face. You! who want to love without darkness and without toil! Pray tell. Is your love greater than a rose? Or is it greater than God?

VI

Vivía – pudo vivir – con una palabra apretada entre los labios.
Murió con la palabra apretada entre los labios.
Echaron tierra sobre la palabra.
Se deshicieron los labios bajo la tierra.
¡Y todavía quedó la palabra apretada no sé dónde!

VI

She lived – she was able to live – with a word pressed between her lips.
And with a word pressed between her lips, she died.
They shoveled loose dirt on the word.
Her lips wasted away beneath the earth.
And yet the word remained pressed I know not where.

VII

Muchas cosas me dieron en el mundo: sólo es mía la pura soledad.

VII

The world gave me many things, but the only thing I ever kept was absolute solitude.

VIII

De tierra crece la montaña. De paciencia de tierra, pulgada por pulgada, o de crispadura de tierra que empuja hacia arriba el fuego de dentro, o del espasmo doloroso de la tierra joven – carne del mundo – en los albores de la Creación …

Pero de tierra crece la montaña …, siempre de tierra.

VIII

Mountains rise from the earth. From the patience of the earth, inch by inch, or the convulsions of the earth, pressing up the fire within, or the painful spasms of the young earth, the world's flesh, at the dawn of Creation.

But mountains rise from the earth. Always! From the earth!

IX

Dichoso tú, que no tienes el amor disperso…, que no tienes que correr detrás del corazón vuelto simiente de todos los surcos, corza de todos los valles, ala de todos los vientos.

Dichoso tú, que puedes encerrar tu amor en sólo un nombre, y decir el color de sus ojos, y medir la altura de su frente, y dormir a sus pies como un fiel perro.

IX

Happy are you if your love has not been scattered, if you don't have to chase after a heart turned seed of all furrows, deer of all valleys, wing of all winds.

Happy are you if your love fits in a single name, if you can describe the color of their eyes, and span the width of their brow, and sleep at their feet like a faithful hound.

XIII

Tú tienes alas y yo no: con tus alas de mariposa juegas en el aire, mientras yo aprendo la tristeza de todos los caminos de la tierra.

XIII

You have wings and I don't. You flit through the air like a butterfly, while I go off to learn, from every last road on earth, what it means to be sad.

XV

Hay en ti la fatiga de un ala mucho tiempo tensa.

XV

Within you there is the weariness of a wing that has been stretched a long time.

XVII

Hay algo muy sutil y muy hondo en volverse a mirar el camino andado … El camino en donde, sin dejar huella, se dejó la vida entera.

XVII

Something subtle and profound happens when you turn and look back at the road you have traveled.

The road where you left no footprints, where all of life was left behind.

XVIII

La verdad hace la Fe; y algunas veces la Fe hace o arrastra la verdad reacia.

XVIII

The truth gives rise to faith, but sometimes faith gives rise to, or drags behind it, the opposing truth.

XIX

Las hojas secas…, ¿vuelan o se caen? ¿O es que en todo vuelo la tierra queda esperando, y en toda caída hay un estremecimiento de ala?

XIX

The dry leaves ... Do they fly or fall? Or does every flight contain the waiting earth? And does every fall contain the quiver of a wing?

XXI

El guijarro es el guijarro, y la estrella es la estrella. Pero cuando yo cojo el guijarro en mi mano y lo aprieto y lo arrojo y lo vuelvo a coger … Cuando yo lo paso y repaso entre mis dedos…, la estrella es la estrella, pero el guijarro es mío … ¡Y lo amo!

XXI

The pebble is the pebble, and the star is the star. But when I take the pebble in my hand and squeeze it, when I fling it to the ground and pick it up again, when I pass it back and forth between my fingers ... The star is the star, but the pebble is mine. And I love it!

XXII

Apasionado y febril como el amor de una mujer fea.

XXII

As passionate and delirious as an ugly woman's love.

XXIII

Los ojos miran las azules estrellas; los pies, humildemente junto al suelo, sostienen un pedestal a los ojos que miran las azules estrellas.

XXIII

The eyes gaze on the blue stars, but the feet, humbly grounded,
hold up the pedestal for the eyes gazing on blue stars.

XXIV

El gajo enhiesto y seco que aún queda del rosal muerto en una
lejana primavera no deja abrirse paso a las semillas de ahora, a los
nuevos brotes ahogados por el nudo de raíces que la planta perdida,
aún clava en lo más hondo de la tierra.

Poco o mucho, no dejes que la muerte ocupe el puesto de la vida.
Recobra ya ese espacio de tu huerto, ahora que hay buen sol y lluvia
fresca ... Que las puntas verdes, que ya asoman, no se enreden otra
vez en el esqueleto del viejo rosal, que hace inútil el esfuerzo de la
primavera y el calor de la tierra impaciente.

Si no acabas de arrancar el gajo seco, vano será que el sol entibie la
savia y pase abril sobre la tierra tuya. Vano será que vengas día a día,
como vienes, con tus jarras de agua a regar los nuevos brotes ...

—No es mi agua para los nuevos brotes: lo que estoy regando es el
gajo seco.

XXIV

The dry stump of the dead rosebush is still here. It died several springs ago, but its roots still cling to the earth and stop today's seeds from growing, each root like a noose choking the new buds from below.

Never let death take the place of life. Not even a little. Take back the garden while there's good light and a cool rain. The green buds are beginning to show. Don't let them get tangled in the skeleton of the old rosebush, where the spring's effort is all for nothing, and so, too, the warmth of this eager earth.

In vain will the month of April pass over your farm, in vain will the sun warm the sap in your maples, in vain will you come to water the new shoots, as you come now, with your bucket full of water – unless you rip the dead stump from the earth.

—My water is not for the new shoots. I am here to water the stump, for it is dry.

XXV

Y dije a los guijarros:

—Yo sé que vosotros sois las estrellas que se caen.

Entonces los guijarros se encendieron, y por ese instante brillaron – pudieron brillar … – como las estrellas.

XXV

And I said to the pebbles, I know you are fallen stars.
Hearing this they lit up, and for a moment they shone – they were able to shine – like stars.

XXVI

Por su amor conocerás al hombre. El amor es su fruto natural, el más suyo, el más liberado de su ambiente.

El amor es el único fruto que brota, crece y madura en él, con toda la simpleza, la pureza y la gracia de la naranja en el naranjo y de la rosa en el rosal.

Hay hombres sin amor, pero de estos hombres nada se sabe: nada pueden decir a la inquietud del mundo.

El amor es el fruto del hombre y también su signo; el amor lo marca como un hierro encendido y nos lo deja conocer, distinguir, entresacar ...

No conocerás al que pasa por su vestido de palabras bailadoras — lentejuelas de colores ... — , ni por la obra de sus manos ni por la obra de su inteligencia, porque todo eso lo da la vida y lo niega ... Lo da y lo niega a su capricho — o a su ley — la vida ...

Y hay muchos que van derechos porque el aire no sopló sobre ellos, y otros hay que se doblan como se dobla el arco para arrancarle al viento su equilibrio, o para proyectarse de ellos mismos, fuera de ellos — ¡en el viento! — , por la trémula, aguda flecha íntima ...

La palabra noble es ciertamente un indicio; la obra útil es ya una esperanza. Pero sólo el amor revela – como a un golpe de luz – la hermosura de un alma.

XXVI

You know a man by his love. Love is his natural fruit, the one most his, the one most free from his surroundings.

Love is the only thing that buds, grows and ripens with all the simplicity, purity and grace of an orange on an orange tree or a rose on a rosebush.

There are men who do not love, but nobody knows anything about them. They have nothing to say to the anguish of the world.

Love is man's reward. It is his birthmark. Like a red-hot iron, it brands him. It makes it possible to pick him out of a crowd, to recognize him, to know him.

You cannot know a man by the pirouetting words he puts on like so many colored sequins. You cannot know him by the work of his hands or the work of his mind because it's life that bestows such work or rejects it. Be it chance or be it destiny, life giveth and life taketh away.

There are many who pass straight through life because they never turn to face the winds, and there are others who bend like a bow to find their balance in the storm, and there are still others who project themselves beyond, through the wind, shot forth on the sharp, quivering arrow within.

The noble word is certainly prophetic. And a useful work gives us hope. But only love reveals, in a rapid flash of light, the beauty of a soul.

XXVII

Miro siempre al sol que se va porque no sé qué algo mío se lleva.

XXVII

I always watch the sun go down because it takes something, I don't
know what, away from me.

XXVIII

He dormido al amor en su cuna de niño. Ahora, con un gesto de mujer cansada, entorno las cortinas, me incorporo, busco también dónde dormir yo misma.

XXVIII

I have put love in its crib, and now, with the gesture of a tired woman, I straighten up, draw the curtains, and look for a place where I too can sleep.

XXIX

En cada grano de arena hay un derrumbamiento de montaña.

XXIX

In every grain of sand there is a landslide.

XXX

Soledad, soledad siempre soñada ... Te amo tanto, que temo a veces que Dios me castigue algún día llenándome la vida de ti ...

XXX

Solitude! Ever dreamed of solitude! I love you so much I sometimes fear God will punish me one day by filling my life with you.

XXXII

Ayer quise subir a la montaña, y el cuerpo dijo no.

Hoy quise ver el mar, bajar hasta la rada brilladora, y el cuerpo dijo no.

Estoy desconcertada ante esta resistencia obscura, esta inercia que contrapesa mi voluntad desde no se dónde y me sujeta, me suelda invisibles grillos a los pies.

Hasta ahora anduve todos mis caminos sin darme cuenta de que eran justamente esos pies los que me llevaban, y me llené de todos los paisajes sin fijarme si entraban por mis ojos, o los llevaba ya conmigo ante de que se dibujaran en el horizonte, y alimenté luceros, sueños, almas, sin reparar en que las propias venas se me vaciaban de la sangre prodigada.

Ahora pregúntome qué estrella vendrá a exprimirse gota a gota dentro del corazón exhausto, qué fuente habrá para abrevarlo como animal cansado …

Pregúntome qué haré sobre la tierra con este cuerpo inútil y reacio. Y oigo decir al cuerpo todavía.

—¿Qué haré con esta chispa que se creía sol, con este soplo que se creía viento…?

XXXII

Yesterday I wanted to climb the mountain and my body said no.

Today I wanted to ponder the sea, to go down to the shimmering bay, and my body said no.

I am baffled by this dark resistance, this inertia that resists my will from I don't know where, and holds me back, welding shackles to my feet.

Until now I have walked all my roads, never realizing that it was my feet that carried me. I took in landscapes, never knowing if they entered through my eyes or if I already carried them within me long before they appeared on the horizon. I nourished stars, dreams, and souls, never noticing that my own veins were being emptied of their generous blood.

Now I ask myself what star will come to drip itself into my exhausted heart, and to what fountain will I be led, where I can drink like a weary animal.

I ask myself what I will do here on earth with this worthless, defiant body. And I hear my body answer:

—What will I do with this spark that believed itself the sun and this breath that believed itself the wind?

XXXIII

Apacigüé el dolor por un instante y me he escapado de él como de un lobo dormido.

Pero sé que, cuando despierte, olfateará mis huellas en el aire, sabrá encontrar mi rastro y alcanzarme con su garra hasta donde, cansada, me refugie.

¿Por qué he de ser su presa apetecible?

No tengo sangre para apagar su sed de fiera maldecida, ni llevo en mis alforjas más condumio que sueños resonados y ya fríos …

¿Qué camino extravié que no me acuerdo?

¿Qué flores corté jugando que no las veo?

Frente a mí, la gran selva crece espesa.

XXXIII

There was a lull in the pain. I fled from it as if I were fleeing a wolf suddenly taken with sleep.

But when it wakes, it will pick up my scent and follow my trail. I know this. And it doesn't matter where I hide, it will know how to find me, and when it does, it will pounce on a body too weary to resist it.

Why must I be the preyed upon? Why does its mouth water every time it spots me?

I have no blood to slake its savage thirst and I carry nothing in my saddlebags but the echoes of dreams grown cold.

Where did I lose my way? I can't remember.

What flowers did I step on pretending I didn't see them?

Before me the great jungle grows dense.

XXXIV

Como el ratón en la trampa, acabo de caer, sin comprenderlo todavía, en esta extraña trabazón de alambres, en esta imprevista jaula del dolor físico.

Hubo un tiempo en que me tenía por un águila avezada a clavar en el sol las finas garras; y otro en que la delgadez de mis tobillos me hacía pensar en los de la corza inquieta, hecha a todas las fugas.

Pero hoy acabo de descubrir que sólo soy un ratoncillo aterrado en el fondo de un mecanismo artero, una miserable criatura cautiva de un poder terriblemente físico y misterioso, que no suelta ni mata, pero que se interpone entre mi cuerpo y el mundo en que este cuerpo se movía.

Y aún deja el nuevo amo que me engañe, aún deja que yo vea, sin haberse cambiado de sus puestos, el aire, la luz, los horizontes que eran míos y donde ahora huyo sin huir, muerdo sin morder, espero sin saber qué van a hacer conmigo.

XXXIV

I still don't know how it happened, but I have just fallen into a trap and like a small rat I find myself in a strange mesh of wires, an unforeseen cage of physical pain.

I once felt like an eagle that could carry off the sun in its talons. My slender ankles once made me think I was a gazelle bounding into flight.

But today I have discovered I am nothing but a small rat trapped in a shrewd device, a pitiful creature in the grip of an awesome physical mysterious power, and it will never let me go, but it won't kill me either. It simply looms between my body and the world where my body used to move.

My new master even lets me deceive myself by letting me see, right there where they've always been, the sky, the sun, and the horizons that used to be mine, horizons I now flee without fleeing and bite without biting while I wait to know what exactly they're going to do with me.

XXXVI

He de amoldarme a ti como el río a su cauce, como el mar a su playa, como la espada a su vaina.

He de correr en ti, he de cantar en ti, he de guardarme en ti ya para siempre.

Fuera de ti ha de sobrarme el mundo, como le sobra al río el aire, al mar la
tierra, a la espada la mesa del convite.

Dentro de ti no ha de faltarme blandura de limo para mi corriente, perfil de viento para mis olas, ceñidura y reposo para mi acero.

Dentro de ti está todo; fuera de ti no hay nada.

Todo lo que eres tú está en su puesto; todo lo que no seas tú me ha de ser vano.

En ti quepo, estoy hecha a tu medida; pero si fuera en mí donde algo falta, me crezco … Si fuera en mí donde algo sobra, lo corto.

XXXVI

I will adapt myself to you like a river to its banks, like a sea to its shore, like a sword to its sheath.

I will run within you, sing within you, live within you now and forever.

Like a river has no need of air, nor the sea of land, nor the sword of banquets, I have no need of the world if you are not in it.

Within you, my river will never long for mud, my waves will never yearn for wind, my steel blade will never go without its sheath.

Within you, there is everything. Without you, there is nothing.

Everything that is you is in its rightful place. Everything that is not you is vanity.

I fit inside you. I am made to your measure. But if you find there is not enough of me within you, I will grow. And if there is a bit too much, I will chop it off with a single stroke.

XXXVIII

Si dices una palabra más, me moriré de tu voz; me moriré de tu voz, que ya me está hincando el pecho, que puede traspasarme el pecho como una aguda, larga, exquisita espada.

Si dices una palabra más con esa voz tuya de acero, de filo y de muerte; con esa voz que es como una cosa tangible que yo podría acariciar, estrujar, morder; si dices una palabra más con esa voz que me pones de punta en el pecho, yo caería atravesada, muerta por una espada invisible, dueña del camino más recto a mi corazón.

XXXVIII

If you say one more word, I will die of your voice that already drives itself into my chest, and which could, if it wanted, pass through me like a long, sharp, exquisite sword.

If you say one more word with that iron voice of yours, that voice of a cutting edge, that voice of death, that voice like something tangible I could caress, squeeze, and bite, if you say one more word with that voice you point at my chest, I will drop dead on the spot, impaled, by an invisible sword that knows the most direct path to my heart.

XXXIX

Ven, ven ahora, que quizá no sea demasiado tarde todavía.

Ven pronto, que quién sabe si no se ha perdido todo; ven; y si fuera tiempo … ¿Y si la vida quiso esperar un minuto más? …

Ven, por piedad; no escuches al que ha hablado de muerte, no rompas tu cántara vacía, no mires a la sombra que se ha hecho … Cierra los ojos y corre, corre, a ver si puedes llegar más pronto que la noche.

XXXIX

Hurry! Maybe it's not too late.

Come here! Now! Who knows? Perhaps all is not lost. And if you still had time? What if life were to wait a minute longer?

For God's sake, come here! Don't listen to those who speak of death. Don't cast down your empty pitcher. Don't gaze on the gathering darkness. Close your eyes and run. Maybe you'll arrive before the night does.

XL

Para que tú no veas las rosas que haces crecer, cubre mi cuerpo de cenizas ... De ceniza parezco toda, yerta y gris a la distancia; pero, aun así, cuando pasas cerca, tiemblo de que me delate el jardín, la sofocada fragancia.

XL

So you won't see the roses that grow only because you look on them, I smear myself with ashes. From a distance I am gray and rigid. I am all ash. But when you pass by I tremble lest the garden betray me, the suffocated perfume.

XLI

Todavía puedes poner tu dedo y tapar el cielo …
Todavía.
Todavía, si tú me dices que está claro, yo sonreiré al sol, aunque tenga la noche bien clavada en el alma.

XLI

You can eclipse the sky by simply raising your finger.
Still!
Even now, if you tell me the sky is clear, I will smile at the sun even though the night has impaled itself on my soul.

XLII

Si puedes ser feliz con estos ojos míos, con esta boca mía, tuyos son; yo te los doy.

Si te basta esta forma, este calor pequeño, este estar sin estar que soy yo misma, para nadie más habré de defenderlo.

Si puedo contentarte con lo que no me atrevería a ofrecer a rey más alto, bueno es que pruebe a hacer de rey con el poder de dispensar mercedes, de saborear la alegría ajena que se nos ha dado el privilegio de proporcionar.

Es tan poco lo que necesitas para salvarte, que debo aprovechar esta ocasión de ser alguna vez – yo que he perdido tanto – salvadora.

XLII

If you're happy with these eyes and this mouth, they're yours.
I give them to you.

If this body is enough for you, if this little piece of heat is enough,
if you need nothing more than me myself, this being without being,
I will defend it for no one but you.

If I can make you happy with something I wouldn't dare offer the
mightiest king, I would do well to be a king myself, and grant favors,
and taste in my subjects' eyes the joy bestowed by the power of giving.

You need so little to be saved, I should take advantage of it. For once
in my life I could be – I who have lost almost everything – a savior.

XLIII

Tuve por tanto tiempo que alimentar la soledad con mi sangre, que tengo miedo ahora de encontrarme sin sangre entre tus brazos ... O de encontrarte a ti menos en ellos que lo que te encontraba en mi ardorosa y viva soledad.

De tal modo te he fundido en ella y yo contigo, de tal modo le he ido traspasando anhelos, sueños, gestos y señales, que tal vez nuestro encuentro sólo sea el de dos nubes en el cielo o dos desconocidos en la tierra.

XLIII

I have fed my solitude so much blood that I'm afraid of feeling nothing when you hold me in your arms. Or maybe I'm scared of finding you less in your embrace than I did in my fierce and fervent solitude.

I have dissolved you into my solitude, and myself into you, in such a way that I have given my solitude my desires and my dreams, my gestures and my traits, and now I wonder if our meeting has been anything more than two clouds passing in the sky, or two strangers passing on earth.

XLIV

Tú estás muerto. ¿Por qué agitas los brazos ante mí y remueves tu voz por dentro de la ceniza en que se apagó hace tanto tiempo?

Tú estás muerto, te digo que estás muerto, y no puedes volver a poner tu mano sobre mi vida.

Nada puedes contra mí, que soy viva; nada contra mi corazón tibio, joven, puro todavía.

Tú estás muerto. Eres una podredumbre que se echa a un lado, que se cubre con tierra, que se limpia con agua de las manos si llega a tocarse. ¡No me toques a mí, que estoy viva, que tengo mi vino que beber y mi rumbo que seguir!…

Nada tienes que ver conmigo. ¡No me agites los brazos por delante, ni me muestres los dientes blancos, alineados todavía, que yo sé que así se les quedan por mucho tiempo a los muertos!…

Tú eres un muerto. ¿No lo comprendes? Y yo llevo el amor en los brazos … ¡Déjame pasar!

XLIV

You're dead. Why are you waving at me? Why are you raising your voice from the ashes that turned cold long ago?

You're dead. I'm telling you you're dead. And you can never lay another hand on me again.

There is nothing you can do to me. I am a living breathing human being. My young, warm, unsullied heart is untouchable.

You're dead. You're a piece of dung cast aside and covered with earth. If anybody ever touched you, they'd merely have to wash their hands to be rid of you. Don't touch me! I'm alive. I have my wine to drink and my road to follow.

You have nothing to do with me. Stop waving at me! And stop gritting your straight, white teeth at me! Yes, I know the dead keep their teeth for a long time. It will be a long time before they fall from your rotten skull.

You're a corpse. Do you understand? And I'm carrying love in my arms. Now step aside!

XLV

Pudiera ser que la niebla no fuera tan obscura, ni el camino tan áspero ...

Pudiera ser que por íntimo cansancio o por un orgullo sombrío, no se tendió la mano para no parecer que se imploraba, o nada más por la fatiga de extenderla, cuando aún era tiempo de retener lo que se iba ...

Pudiera ser que la vida fue demasiado despreciada para pensar en comprenderla un poco; que la maraña se hubiera desenredado acaso con más paciencia y que no hubo piedad ni para uno mismo.

Pudiera ser que las cosas no se miraron con buena voluntad y el corazón se encastilló en un muro de silencio; pudiera ser que no lo estaba todavía la felicidad que se dio por perdida ...

Pudiera ser ... Pero yo he apagado ya mi lámpara.

XLV

It could be the fog wasn't so thick, or it could be the road wasn't so long.

It could be the hand didn't reach out due to some inner exhaustion, or maybe out of lucidity or pride one wanted to avoid the impression of begging, or maybe it was simply because extending one's hand required too much effort even though there was still time to save everything that was slipping away.

It could be life was too sordid to even attempt to understand it; it could be the knot might have been untied with a little more patience; it could be there was no mercy, not even for oneself.

It could be there was a lack of good will in the world and the heart took shelter behind a parapet of silence; it could be the happiness given up for lost was not yet lost.

Yes, it could be all of that, but I've already turned off the light.

XLVI

Ni con guirnaldas de rosas deseo sujetarte. No quiero nada tuyo que no brote por propio impulso, como el agua de los manantiales.

No he de poner un dedo sobre ti; me es grato recibirte como un don, no como un fruto de fatigas.

Si he de bajar hasta la entraña de tu tierra a buscar el diamante que he soñado, guarda el diamante tú, que no lo cambio por mis sueños.

De sueños resoñados pude vivir hasta ahora; de diamante ofrecido con desgano, yo no podría vivir un solo día.

I would never tie you down, not even with garlands of roses. I don't want anything from you that doesn't come from your own impulse, like water from the springs.

I won't lay a finger on you. Sweet it is to receive you like a gift, but I will not receive you like the fruit of my own labor.

If I must go down into the bowels of the earth to search for the diamond I have dreamed of, keep the diamond for yourself. I will not trade my dreams for it.

Until now I have been able to live on recycled dreams, but on a diamond offered with half a heart, I could not live a single day.

XLVII

Entre tú y yo van quedando pocas diferencias; tú tienes una
cansada ternura, y yo tengo un cansancio enternecido.

XLVII

There is still one difference left between us. You have a tenderness grown weary and I have a weariness grown tender.

XLVIII

Tú me hablabas, pero yo no sabía desde dónde. Y sentía tu voz, tu misma voz fluyente y cálida, un poco ronca, a veces, por la emoción que se te apretaba a la garganta ... Tú me hablabas, pero yo no sabía desde dónde, ni distinguía tus palabras; sólo percibía tu voz naciendo, como la noche, de todos los puntos del paisaje.

Y tu voz era una ola tibia que me envolvía, poco a poco primero, como blandura de marea alucinada por la luna, y arrebatadora después, con sacudidas de tormenta que se infla por el horizonte.

Era tu voz otra vez – ¡y cuándo no fue tu voz!... – la que yo sentía no sólo ya en mis oídos, sino en la misma carne, como ola de agua, de fuego, como ola espesa que avanzaba creciendo ...

Era tu voz, fantasma de mi oído, sabor recóndito y constante de todas las músicas, de todas las palabras, de todas las voces que han sonado en mi vida después de ella; era tu voz, tu misma voz única e inextinguible siempre, que me envolvía, que me cercaba, que me doblegaba el alma reacia, súbitamente estremecida ...

Pero yo no sabía desde dónde me hablabas ... Era tu voz, sí, tu misma voz de fuego y agua y huracán. Pero yo miraba temblando en torno mío, y sólo veía las desnudas paredes del silencio.

80

XLVIII

You spoke to me, but from where, I did not know. I felt your voice, your warm, fluid voice, a little hoarse sometimes from the emptiness stuck in your throat. You spoke to me from I don't know where. Nor could I make out your words. I could only sense your voice being born, like the night, in every point on the landscape.

And your voice was like a warm wave that engulfed me, little by little at first, like a gentle tide growing with the moon, then fascinating me like the gusts of a storm swelling on the horizon.

It was your voice again. When was it not your voice? The one I heard not only in my ears, but in my very flesh, like a wave of water, or a wave of fire, like a thick wave growing as it came closer.

It was your voice, the ghost in my ear. It was the deep, constant feeling in all music, in all words, in all the voices that have sounded in my life ever since I heard your voice. It was your voice, your singular, forever undying voice that surrounded me, came close to me, and subdued my rebellious soul, suddenly shivering.

But I never knew where you were speaking from. Yes, it was your voice, your voice of fire and water and hurricane. But I looked around me, trembling, and saw only blank walls of silence.

L

¡Cómo se ha llenado de ti la soledad!

La soledad me huele a ti como si estuvieras dormido en ella, como si esta soledad mía sólo fuera la almohada en que pones la cabeza, la sábana que te envuelve, blanca y tibia …

¡Cómo está llena de ti la soledad, cómo te encuentro, y cómo te amo, y cómo me muero en ti, en ella!

L

How my solitude becomes you!

It even smells like you, as if you slept in it, as if my solitude were the pillow you rest your head on, the white sheet that keeps you warm in the night.

How my solitude becomes you! How I find you! How I love you! How I die in you! My solitude!

LI

En la lluviosa tarde del otoño vamos al cementerio por el camino de los sauces.

El viento hace volar las verdes cabelleras de los árboles, que a cada sacudida dejan ver la blancura del muro cortando con su tajo el horizonte.

Qué viento ya tan crudo el de este otoño; qué olor el de la tierra donde llovió toda la noche, el de las piedras húmedas y los jazmines dormidos …

Los muertos deben tener frío …

Pero yo tengo la primavera. ¡Todas las primaveras del mundo en este calorcito de tu mano en mi mano!

On our way to the cemetery on a rainy autumn day we walk down the path of the willows.

Their green tresses shake in the wind. Each gust reveals the whiteness of the wall cutting a gash across the horizon.

How chilly the autumn wind. How pungent the earth after last night's rain, how pungent the wet stones and the sleeping jasmines.

The dead must be cold.

But spring is mine. In the heat trapped between our cupped palms, I hold every spring on earth.

LII

Yo tengo un mar de olas tempestuosas. Tú tienes la roca dura que se afinca.

Yo tengo una selva sin sol y sin luna. Tú tienes un hacha afilada.

Yo tengo el oro y el hierro; tengo el secreto de la noche, y tengo la fe y la verdad; lo tengo todo.

Tú tienes la mirada de tus ojos …

LII

I have a sea of high waves. You have a hard rock that can't be moved.

I have a jungle without a sun and without a moon. You have a newly sharpened ax.

I have gold and iron, I have the night's secret, I have the truth, I have faith, I have everything.

You have the look of your eyes.

LIII

Amado mío, dame la rosa de ayer o la de mañana … ¡Y guarda el resto de la primavera!

LIII

My love, give me yesterday's rose, or tomorrow's. As for the rest of spring, let's save it for later!

LIV

Si pudieras escogerlas libremente entre las más brillantes o las más obscuras; si te fuera dado entresacarlas con mano trémula, como hace ante las piedras preciosas el orfebre encargado de labrar una joya real … Si pudieras pescarlas como estrellas caídas en un pozo, o afilarlas como espadas, o torcerlas como seda … Si pudieras disponer de todas las que existen como trigo de tus mieses, y desgranarlas y molerlas y comerlas, no tendrías todavía la palabra que pueda ya llenarme este silencio.

LIV

If you could choose freely from the brightest or from the darkest,
if you could pick them out with a trembling hand like a goldsmith
who turns a precious metal into a real jewel, if you could fish them
from a well like fallen stars, if you could sharpen them like a sword
or weave them like silk, if from all that exists you could prepare them
like the wheat from your fields, if you could strip them of their grains,
grind them, and feed on them, you still wouldn't have the words that
could fill this silence.

LV

Todo lo que guardé se me hizo polvo; todo lo que escondí de mis ojos lo escondí, y de mi propia vida.

Nada te he quitado que me haya servido de paz o justificación para todo lo que me quitaba yo misma. Nada te he retenido que no haya pesado como cielo de plomo sobre cada uno de mis días.

No quise beber el vino por no gastarlo, y el vino se me ha agriado en la copa. No es la culpa del vino, sino de la mano vacilante.

Me creí invulnerable al fuego de la espera, y apenas me reconozco en estas cenizas, que pronto se llevará el viento.

Perdona tú, defraudador forzado, a la defraudada, que no te destinó a otra cosa. Perdónenme el sol y la tierra y los pájaros del aire y todas las criaturas simples y libres luminosas.

No fue el mío el pecado primaveral de la cigarra, aquel que se comprende y hasta se ama. Fue el pecado obscuro, silencioso, de la hormiga; fue el pecado de la provisión y de la cueva y del miedo a la embriaguez y a la luz.

Fue olvidar que los lirios que no tejen tienen el más hermoso de los trajes, y tejer ciegamente, sordamente, todo el tiempo que era para cantar y perfumar.

Ese fue el pecado; y así te retuve por cálculo, por cuenta que ni siquiera estuvo bien echada, la porción que era tuya, en la poca y muy repartida dulzura de mi casa. Pecado de hacerme fuerte y dejarte la mano tendida, no con la negación, sino con el aplazamiento para una mañana que no podía ser nunca otra cosa que eso mismo: mañana …

LV

Everything I kept has turned to dust. Everything I hid from my
eyes, I hid from my own life.

Nothing I have taken away from you has given me peace or
justification for everything I took away from me myself. I have kept
nothing from you that has not weighed on my days like a leaden sky.

I refused to drink the wine, so as not to waste it. Now the wine has
soured. It is not the fault of the wine, but of the hesitant hand.

I believed myself invulnerable to the fires of waiting and now I
barely recognize myself in these ashes the wind will soon blow away.

Forgive, duty-bound deceiver, the deceived, for she was your only
destiny. Sun, earth, birds of heaven, every simple, free, and luminous
creature on earth, forgive me.

My sin was not the spring-like sin of the cicada, the understood
and even loved sin. It was the silent, dark sin of the ant. It was
the sin of provisions, the sin of the cave, the sin of being afraid of
intoxication, and afraid of the light.

It was forgetting that the lilies that do not weave have the most
beautiful garments. It was to weave silently, deafly, during all those
times that were meant for song and fragrance.

That was the sin, and that's the calculated way I kept you at a distance, a calculation that was not even well-calculated, that portion that was yours, in the minimal, doled out sweetness of my home. It was the sin of making myself strong, of offering an outstretched hand, not in denial, but with the postponement of a tomorrow that could never be anything but just that: tomorrow.

LVI

Eras frágil como la caña ya cascada; débil como la mecha que aún humea.

Por encima de los días, meses, años – y un solo gris infinito – que han pasado sobre tu recuerdo, no me queda de ti más que esa reminiscencia de una cosa doliente, próxima a quebrarse o a perderse, cerca ya, de cualquier manera a su extinción.

No sé qué dulzura te debo, ni qué alegrías o qué tristezas me inspiraste; no reconozco, de entre las espigas que ahora siego o dejo caer, cuáles sembraste tú.

Quizá hacías sentir esas cosas tan graves y tan dulces que sólo sugieren los niños enfermos y los pájaros muertos.

Quizá tu presencia evocaba pensamientos de consolación y de cura, y, viéndote, se pensaba en vendas blancas, ungüentos de milagro, almohadas tibias …

Sé que eras débil: tan débil y tan triste, que aún lo eras para el amor. El amor, el amor de los hombres y las mujeres debió parecerme extraño en ti, como una rosa en el fondo de un lago.

Debiste turbarme o enternecerme. Así enternece y turba el tentar con nuestras manos lo que sabemos que ha de irse pronto … Y así te dejé ir, con la turbación obscura, como la ternura sofocada del que brevemente titubea entre el Minuto y la Eternidad.

LVI

You were fragile as a bent reed and weak as a wick still giving off smoke.

Through the infinite gray of the days, months, and years that have passed over your memory, nothing remains of you but the memory of something painful, close to breaking or being lost, and somehow very near extinction.

I do not know what sweetness I owe you. I do not know what joys and sorrows you inspired in me. Of all the thorns I reap or let fall, I do not recognize the ones you planted.

Perhaps you inspired those feelings, those grave and tender feelings, that only sick children and dead birds suggest.

Perhaps your presence only evoked thoughts of consolation and cure, and seeing you, white bandages came to mind, and miraculous ointments, and warm pillows.

I know that you were weak, so weak and sad you were weak and sad for love's sake. Love! The love of men and women should have struck me, the way it appeared in you, like something strange, like a rose at the bottom of a lake.

It should have disturbed me or moved me. Thus we are moved, thus we are made wretched by the temptation of our hands to grab what we know will soon fade away. And so I let you leave with a dark disorientation, like the suppressed tenderness that pauses briefly between a moment and eternity.

LVII

No te nombro; pero estás en mí como la música en la garganta del ruiseñor aunque no esté cantando.

LVII

    I never call your name, but you are in me like the song in the nightingale's throat even when it's not singing.

LVIII

Estoy doblada sobre tu recuerdo como la mujer que vi esta tarde lavando en el río.

Horas y horas de rodillas, doblada por la cintura sobre este río negro de tu ausencia.

LVIII

I am bent over your image like the woman I saw this afternoon washing her clothes in the river.

On my knees for hours, hunched over the black river of your absence.

LIX

Te digo que sigas tu camino sin el temor de perderme. Te digo que has de encontrarme cuando vuelvas, aunque tardes mil años.

Pues que eres débil y te empuja la vida, ve donde te lleve. ¿A qué luchar, si lucharías en vano?

Yo seré fuerte por ti. Con tus claudicaciones voy a fabricarme una montaña, y me sentaré en la cumbre a esperarte.

No temas que sienta el miedo de la noche o que el frío me arredre. No hay invierno más frío que mi invierno ni noche más profunda que mi noche … ¡Yo soy quien va a congelar el viento y a obscurecer la tiniebla!

De veras te digo que sigas tu camino, que para esperarte tendré la inmovilidad de la piedra. O más bien la del árbol, agarrado a la tierra rabiosamente.

LIX

Follow your own road without fearing you'll lose me. You will find me when you return, even if you're a thousand years late.

Since you're weak and you let life push you around, go wherever it pulls you. Why struggle if you'll only struggle in vain?

I will be strong for you. I will build a mountain with your failures and sit atop the peak waiting for you.

Don't worry. The night won't frighten me and the cold won't drive me away. There is no winter as cold as my winter, no night as deep as my night. I myself freeze the wind. I myself darken the sky.

Follow your own road. While I wait for you I will be immovable. Like a boulder. Or better yet. Like a tree clutching the earth with a savage fury.

LX

De las veinticuatro horas del día, siempre te dejo una para que puedas irte, si lo quieres.

Si me das veintitrés horas de cada día tuyo, bien puedes conservar una sola para pensar en ella, si están las otras veintitrés bien empleadas.

Esa es la hora tuya, y de tal modo la respeto, que así me privo de respirar, a fin de que ni mi aliento te turbe o te desvíe.

Es la hora en que yo me borro a mí misma, en que yo me sujeto el corazón y me vuelvo de espaldas a tu tiempo, de cara a la pared, para esperar, trémula, ansiosa, esa hora que dura todo un siglo …

Cuando ella pasa vuelvo a abrir los ojos, y, viéndote a mi lado todavía, te saludo entonces sin gestos, sin palabras, como un nuevo milagro, para mí sola florecido.

Es un milagro que se hace todos los días sin gastarse, sin que la angustia deje de ser angustia, ni la alegría deje de ser una maravillosa, pura, estrenada alegría.

LX

Of the twenty-four hours in a day, I will always leave you one to abandon me, if that's what you should want.

If you give me twenty-three hours each day, you can keep one hour to think about leaving me, if you use the other twenty-three hours wisely.

This hour is yours. I respect all sixty minutes of it. I stop breathing so that nothing, not even the air filling my lungs, disturbs or distracts you.

This is the hour of my self-annihilation, the hour in which I bind myself to my heart, in which I turn my back on time, face the wall of my angst, and tremble as a century passes through an hourglass.

But when the hour ends and I open my eyes and see that you have not left me, I greet you without making a single gesture, without saying a single word, as if you yourself were a new miracle flowering for me alone.

It is the daily miracle that never ceases to be miraculous, the daily agony that never ceases to be an agony, and the daily joy that never ceases to be this marvelous, pure, unprecedented joy.

LXI

En el valle profundo de mis tristezas, tú te alzas inconmovible y silencioso como una columna de oro.

Eres de la raza del sol: moreno, ardiente y oloroso a resinas silvestres.

Eres de la raza del sol, y a sol me huele tu carne quemada, tu cabello tibio, tu boca obscura y caliente aún como brasa recién apagada por el viento.

Hombre del sol, sujétame con tus brazos fuertes, muérdeme con tus dientes de fiera joven, arranca mis tristezas y mis orgullos, arrástralos entre el polvo de tus pies despóticos.

¡Y enséñame de una vez – ya que no lo sé todavía – a vivir o a morir entre tus garras!

LXI

In the deep valley of my sorrows, you stand as silent and implacable as a pillar of gold.

You are descended from the sun. Dark, passionate, and smelling of woodland resins.

The light smells of your burnished flesh and your warm hair. And your mouth, which is dark and hot, is like an ember recently blown out by the wind.

Man of the sun, overpower me with your muscular arms. Bite me with your young, fierce animal teeth. Rip the sorrow from my hands, take my pride by force and cast them down in the dust. Stomp on them with your despotic feet.

And then teach me once and for all what I still don't know. Teach me to live and die in the grip of your claws.

LXII

Sobre mi boca está tu mano: tu mano tibia, dura ... Infinitamente dulce. (A través de tus dedos se escurre la canción rota como un poco de agua entre las hendiduras de una piedra.)

Sobre mi corazón está tu mano: pequeña losa suave. (Abajo, el corazón se va aquietando poco a poco.)

En mi cabeza, tu mano: el pensamiento – plomo derretido en molde va tomando la forma afilada y recta, recta de tus dedos.

En mis pies, también tus manos: anillos de oro fino ... Tus manos delicadas y fuertes, delicadas y firmes como las manos de un rey niño.

(Los caminos se borran en la hierba crecida ...)

En mis pies, tus manos. En mis manos, tus manos.

En mi vida y en mi muerte, tus manos.

Tus manos, que no aprietan ni imploran, que no sujetan, ni golpean, ni tiemblan.

Tus manos, que no se crispan, que no se tienden, que no son más que eso, tus manos, y ya, todo mi paisaje y todo mi horizonte ...

¡Horizonte de cuarenta centímetros, donde he volcado mi mar de tempestades!

LXII

Your hand is on my mouth. Your warm, hard, infinitely sweet hand. (Through your fingers trickle a broken song like drops of water through fissures in a rock.)

Your hand is on my heart like a small, smooth gravestone. (Under your palm, little by little, the heart grows quiet.)

Your hand is on my head. And thoughts, like lead melting into their mold, take on the straight, sharp form of your fingers.

Your hand is also on my feet. Rings of fine gold, your delicate, strong hands, delicate and firm like the hands of a boy king.

(Roads disappear under the tall grass.)

Your hands on my feet, your hands on my hands.

Your hands on my life, your hands on my death.

Your hands that never clutch, beg, grab, strike or tremble.

Your hands that never tense up or reach out. Your hands, simply that and nothing more, my every landscape and my every horizon.

Horizon of forty centimeters over which I pour my stormy seas!

LXIII

Tú eres como el paisaje de mi ventana, que a cada amanecer encuentro indemne y limpio de la inmensa noche ... De la noche del mundo de que sale ...

LXIII

You are like the landscape outside my window, the landscape
I find every morning, emerging from the endless night, unscathed
and luminous. Emerging from the night of the world, from which
comes ...

LXV

Pasaste por mi corazón como el temblor de luz por la colmada red del pescador.

LXV

You poured through my heart like the shimmering light that streams through the fisherman's loaded net.

LXVI

Yo no digo el nombre, pero está en cada estrella que abre, en cada rosa que muere.

Yo no digo el nombre, pero lo dice la alondra en su primer saludo al alba y el ruiseñor al despedirse de la noche.

No lo digo; pero, si lo dijera, temblor de ruiseñores habría en mi pecho, sabor de luceros en mi boca y rosas nuevas en el mundo …

No lo digo, pero no hay para mí, en este mundo nuestro, alegría, dulzura, deseo, esperanza, pena que no lleve ese nombre; no hay para mí cosa digna de ser llamada, que no se llame de esa manera …

Y nada llamo, y nada digo, y nada responde al nombre que no se pronuncia, que no pasa de mis labios, como no pasa la inmensidad del mar del hilo de arena que le ciñe la playa …

LXVI

I won't say the name, but it is in every star that opens and every rose that dies.

I won't say the name, but the meadowlark says it when he greets the dawn and the nightingale says it when he bids the night farewell.

I won't say it, but if I said it, there would be a fluttering of nightingales in my chest and a flavor of stars in my mouth and there would be new roses in the world.

I won't say it, but in this world of ours, there is not one joy, not one sweetness, not one desire, hope, or grief that does not go by this name. If it is not called this name, it is not worthy of being called anything.

And I call to nothing, I name nothing, and nothing responds to the name that is never spoken, the name that never passes through my lips the way the immensity of the sea never passes through the grain of sand that clings to the beach.

LXVII

El viajero ha saltado ágilmente a su caballo, pronto a partir.

El camino se extiende recto y empolvado hasta el horizonte: y mientras pruebo la resistencia de los arneses y el buen amarre de los estribos, pienso en este caballo suyo, al trote por todos los senderos, levantando nubes de polvo, alejándose más cada día, cada hora, cada afán, cada tristeza …

Ahora el caballo está aquí, junto a mis manos, y el dueño del caballo tan cerca de mis manos, que no sé si pudiera detenerlo …

Todavía está aquí; pero mañana … Mañana vano será que mis ojos se hundan en la polvareda del horizonte, ni que mi emoción se arrastre piedra a piedra por el camino que lo llevó.

Mañana él estará muy lejos y mirará otros cielos y otros paisajes que yo nunca alcanzaré.

El viajero va a partir … He puesto el vino y el pan en sus alforjas, he peinado la crin de su caballo impaciente, ávido de correr …

Cae la tarde. El viajero, un poco nervioso, juega con la riendas, mientras yo sonrío con los ojos cerrados.

LXVII

Ready to leave, the traveler has jumped onto his horse in one swift motion.

The dusty road is a straight line to the horizon. While I test the resistance of the reins and the grip of the stirrups, I think about his horse, trotting along so many roads, kicking up clouds of dust, moving further away every day, every hour, with every desire and every sorrow.

Now the horse is here, against my hands, and the horse's owner is here, so close to my hands, and yet I do not know if I could hold him back.

He is still here, but tomorrow … Tomorrow it will be futile to sink my eyes into the dust cloud on the horizon. In vain will my emotion drag itself along the road he took, stone by stone.

Tomorrow he will be in distant lands and he will look on other skies and other landscapes I will never reach.

The traveler is going to depart. I have put wine and bread in his saddlebags, and I have brushed the mane of his impatient horse, so eager to run.

The sun sets. The traveler, a little nervous, plays with the reins while I smile with my eyes closed.

LXVIII

Todos los días, al obscurecer, ella sale a encender su lámpara para alumbrar el camino solitario.

Es aquel un camino que nadie cruza nunca, perdido entre las sombras de la noche y a pleno sol perdido; el camino que no viene de ningún lado y a ningún lado va.

Briznas de hierba le brotaron entre las hendiduras de la piedra, y el bosque vecino le fue royendo las orillas, lo fue atenazando con sus raíces …

Sin embargo, ella sale siempre con la primera estrella a encender su lámpara, a alumbrar el camino solitario.

Nadie ha de venir por este camino, que es duro y es inútil; otros caminos hay que tienen sombra, otros se hicieron luego que acortan las distancias, otros lograron unir de un solo trazo las rutas más revueltas … Otros caminos hay por esos mundos, y nadie vendrá nunca por el suyo.

¿Por qué entonces la insistencia de ella en alumbrar a un caminante que no existe? ¿Por qué la obstinación puntual de cada anochecer?

Y, sobre todo, ¿por qué se sonríe cuando enciende la lámpara?

LXVIII

Every day at nightfall she goes out with her lantern to light a road in the middle of nowhere.

It is a road nobody ever crosses, lost in the darkness of night, and lost, too, in the light of day. It is a road that comes from nowhere and goes nowhere.

The neighboring forest gnaws at the margins of the road, the trees grip it from below with their roots, and weeds grow in between the cracks in the rock.

But every night she comes out with the first star and hangs a lantern above this solitary road.

Nobody will ever come this way. It is a difficult journey and there is no reason to come. Some roads have shade and other roads cover longer distances in half the time. And there are still other roads that make a straight line through an endless maze of streets. There are many other roads in this world and people will travel them all. But there is not one person who will set foot on hers.

Why then does she light the road for a wayfarer who doesn't exist? And why this constant show of obstinacy every single night?

And why on earth does she smile when she lights the lantern?

LXIX

Porque me amas más por mi arcilla que por mi flor; porque más pronto hallo tu brazo cuando desfallezco que cuando me levanto; porque sigues mis ojos a donde nadie se atrevió a seguirlos y regresas con ellos amansados, a salvo de alimañas y pedriscos, eres para siempre el pastor de mis ojos, la lumbre de mi casa, el soplo vivo de mi arcilla.

LXIX

Because you love me more for my clay than my flower, because I find your arm sooner when I faint than when I get up, because you follow my eyes where nobody has ever dared follow them and you return with them tamed, safe from vermin and hail, you are now and forever the shepherd of my eyes, the fire of my hearth, and the living breath of my clay.

LXX

Estas son mis alegrías: las he contado, y creo que no falta ninguna. Llévalas todas a cantar en tus noches, o a perderse en tus mares, o a morir en tus labios.

Estas son mis tristezas. Contarlas no he podido, pero sé que me siguen fielmente. Llévalas todas a abonar tu tierra, a ser la levadura de tu pan, la leña de tu lumbre.

Esta soy yo: fundida con mi sombra, entera y sin rezagos. Llévame a tu corazón, que peso poco y no tengo otra almohada ni otro sueño.

LXX

These are my joys. I have counted them and I believe they are all there. Take them. Sing to them in your nights, toss them in your seas, let them die on your lips.

These are my sorrows. I haven't been able to count them, but I know they follow me faithfully. Take them. Let them fertilize your earth, let them leaven your bread, let them blaze in your fire.

This is who I am. I am one with my darkness. I am complete. And since I weigh so little, lay me on your heart, for I have no other pillow, and no other dream.

LXXI

Hasta en tu modo de olvidar hay algo bello.

Creía yo que todo olvido era sombra; pero tu olvido es luz, se siente como una viva luz …

¡Tu olvido es la alborada borrando las estrellas!…

LXXI

Even in your way of forgetting there is something beautiful.

I thought all forgetting was darkness, but your forgetting is luminous, like a great radiance.

Like the dawn wiping out the stars!

LXXII

Es inútil querer dar un cauce a mi amor. Como los ríos desbordados, se tuerce y se rompe; y tiene olas rugientes que corren hasta el mar, y fugitivos hilos de agua que se quedan perdidos no sé dónde.

LXXII

It is useless to give my heart direction. Like a river that overflows its banks, it floods everything. It has roaring waters that rush toward the sea and trickling waters that get left behind I know not where.

LXXIII

¿Y esa luz?
—Es tu sombra

LXXIII

And that light?
—It's your shadow.

LXXVI

Mi sangre es como un río que me trae paisajes reflejados y borrados, paisajes de otras riberas que nunca vi.

Es como un río largo y misterioso que yo me siento correr por dentro, y cuyo nombre ignoro todavía.

Viene desde una hondura tan remota, que tengo miedo de asomarme a ella. Va no sé dónde ... Y mientras, como un río pasa arrastrando arenas, flores, restos de mí misma, prisionera en un cauce sin sentido.

LXXVI

My blood is like a river that brings me landscapes both reflected and erased, landscapes from other shores I have never seen.

It is like a long, mysterious river I feel flowing within me and whose name I still ignore.

It comes from a depth so remote I am afraid to look into it. It goes I know not where, and meanwhile, passes like a river dragging sand, flowers, and remnants of me myself, prisoner of a flow without meaning.

LXXVII

Era mi llama tan azul, que por mucho tiempo temí que me la apagara la brisa que venía del lado del bosque al atardecer…

Después, la llama aquella quemó el bosque.

LXXVII

My flame was so blue for so long, I often feared the evening breeze
that came in from the forest would blow it out.

Later on, that same flame set the forest on fire.

LXXVIII

Echa tu red en mi alma. Tengo también debajo de la sal y de la sombra mi temblor de escamas plateadas y fugaces.

LXXVIII

Cast your net on my soul. Under the salt and the shadows I too have silver ephemeral shimmering scales.

LXXIX

Viendo volar las criaturas que el Hacedor dotó de semejante privilegio, el alma se me llena de esos celos obscuros que se dan muchas veces entre hermanos.

Pienso que hay tantas alas en el mundo, y que al hombre, el Benjamín de Dios, no le tocó ninguna …

Alas potentes de las águilas, que ven amanecer antes que nadie desde sus nidos descolgados en las cumbres …

Alas de los pequeños pájaros, heraldos del día y de la noche, constelación sonora en los crepúsculos …

Alas de mariposa, coloreadas como los petálos de una vibrante flor errátil en fuga de su tallo y su raíz; y las de las gaviotas, escarchadas de sal; y las de las abejas, en trasiego de miel y de rocío; y las de los murciélagos, hendiendo sombras, deshojando lunas …

Y hasta las alas de los ángeles, donde circula aún sangre caliente y una vaga nostalgia, un recuerdo, aún no borrado, de aire primaveral …

¡Y sólo el hombre ha de marchar pegado a sus caminos poco menos que el zusano a los suyos, impedido de alzar el pie sin dejar el otro en tierra, sujeto por la tierra, halado por la tierra bajo la inútil siega de luceros!

138

LXXIX

Seeing creatures fly, blessed with a similar privilege by the Creator, my soul is filled with the kind of jealousy that siblings often feel.

To think that there are so many wings in the world, and that man, God's favored son, was granted none.

The powerful wings of eagles that see the sunrise before anyone else from their nests dangling on the summits.

The wings of small birds, the heralds of day and night, the sonorous constellations of twilight.

The wings of butterflies colored like the petals of a vibrant flower fleeing fitfully from its stem and its root, the wings of seagulls, crystallized with salt, the wings of bees, flying back and forth between honey and dew, and the wings of bats, cleaving shadows and plucking petals off moons.

And even the wings of angels where warm blood and a vague nostalgia still circulate, a memory not yet erased of a springtime air.

Only man has to wander stuck to his roads no less than worms, who can't lift one foot unless the other foot is on the ground, anchored to the earth, hauled in by the earth under the fruitless harvest of the stars.

LXXXIII

Con collares de lágrimas adornaste mi pecho.

Con pétalos de sangre sembraste mi vestido.

¿Es que soy más bella con tocado doliente, o acaso soy más tuya cuando mueles mi carne con mi alma en tus molinos que no paran nunca?

¿Tan enterrada tengo la dulzura que necesitas sajarme por todos lados para encontrarla?

¡Y por qué quieres mi dulzura, si todos los panales se te abren y toda miel es tuya antes de que la abeja la saque de su flor!

Extraño amante tú eres, que entre las cordilleras estrelladas aún reclama el amor de la leprosa, aún se obstina en nutrirse del mismo fango triste que una vez le salió de entre las manos.

LXXXIII

You adorned my breast with a necklace of tears.

You wove me a dress with petals of blood.

What is it? Am I more beautiful when I wear a gown of suffering? Or maybe you think I'm more yours when you grind my flesh and soul in your ever-turning mills.

Does my sweetness lie so deep within me you need to cut me to find it?

And what do you want with my sweetness, anyway, if all the honeycombs open for you alone, if all the honey is yours even before the bees sip it from the flowers?

You are a truly strange lover. You who descend from the starlit mountains demanding the love of a leper. You who insist on feeding yourself the same sad mud that slipped through your fingers long ago.

LXXXIV

Son estos ojos míos los que me amarran al paisaje de mi ventana.

Son mis oídos los que me impiden oír la música que no se oye con oídos.

Son estos pies los que me obligan a afirmarme en dura tierra de camino.

Es la palabra, la vasija vieja y resquebrajada donde he de recoger el caldo ardiente de mi sueño …

Soy la prisionera de este pequeño cuerpo que me dieron, y he de permanecer tranquila en él, sin saber por qué causa ni por qué tiempo; cuando podría, de un solo golpe de mi mano, echar abajo la mal cerrada puerta.

LXXXIV

Mine are the eyes that tie me to the landscape outside my window.

Mine are the ears that prevent me from hearing the music that cannot be heard.

Mine are the feet that force me to plant myself firmly on the hard dirt of the road.

The word is an old cracked vessel where I must gather up the burning wine of my dreams.

I am the prisoner of this small body I have been given, and I have to stay calm within it, without knowing why or for how long, when I could, with one strike of my hand, knock down the closed door.

LXXXV

Hasta los lirios están sujetos a la tierra; pero tú eres un lirio sin raíz, que se yergue y perfuma y no se muere.

LXXXV

Even the lilies are bound to the earth, but you are a lily without roots that rises up, sweetens the air, and does not die.

LXXXVI

Perdóname por todo lo que puedo yo misma sujetarme; sujetarme para no ir a ti, mi señor.

Perdóname por todo lo que puedo retener aún siendo tuyo; por todo lo que puedo quebrantar, doblegar, vencer.

Perdóname por echar siete llaves a mi alma y no contestar cuando llamas a mi puerta. Perdóname por vencer mi cuerpo, por clavarlo a la pared y no dejarlo ir a ti … Por poder más que tú sobre alma y cuerpo, perdóname … Por poder más que tú y más que yo.

Perdóname por ser fuerte. No hubiera querido serlo tanto…; pero ya que lo soy, tengo que serlo.

Jacob luchó con el ángel toda una noche, pero yo he luchado toda una vida y aún no he visto el rostro del ángel ensangrentado que a mis plantas yace.

LXXXVI

Forgive me for everything I hold back, my lord, for everything I pin down so it will not reach for you.

Even though I'm yours, I keep everything from you. Forgive me for everything I destroy, conquer and overcome within me.

Forgive me for locking up my soul with seven keys and not answering when you knock. Forgive me for subduing my body, for nailing it to a wall to keep it away from you. Forgive me for dominating my body and soul, for being more powerful than you and more powerful than even I myself.

Forgive me for being so strong. I never wanted all this strength, but as I am, so I shall be.

Jacob wrestled with an angel for a night, but I have wrestled with him all my life, and still, I have yet to see the face of an angel bleeding at my feet.

LXXXVII

Señor, no des a mis cantos el triste destino de Abisag ...
Déjalos que se pierdan o se quemen en su propia llama, pero no los
condenes sin fruto y sin amor a calentar huesos fríos de nadie.

LXXXVII

God, please don't give my poems the same sad fate as Abishag.

Let them be destined for oblivion, or let their own flames consume them, but please do not condemn them to the fruitless, loveless labor of warming the cold bones of no one in particular.

LXXXVIII

Necesito que me ayudes a dormir el corazón enfermo, el alma que no te supo encontrar, la carne herida que todavía te busca.

Necesito que me serenes, y que seas tú mismo, porque nadie más puede hacerlo.

Necesito que corras como agua sobre mí, y me apagues, y me inundes, y me dejes quieta, alguna vez quieta en este mundo.

Tengo un gran deseo de dormir, aunque sea en la tierra, si la tierra no se parece todavía a todo lo que sobre ella amé vanamente, si no sigo encontrando en la tierra el rastro de mi vida jadeante.

A nada temo más que a seguir siendo yo misma; a seguirme conociendo sin haberte conocido.

Y qué cansada estoy; parece que luché con el mar … Parece que el mar me golpeó el cuerpo y me empujó contra las piedras y que yo, enfurecida, cogí el mar y lo doblé en mis brazos.

Me duelen los huesos; me duele hasta la ropa que traigo puesta. Y me duele también la soledad después que me dejaste encenderla con mi boca pegada contra ella.

LXXXVIII

I need you to lull this sick heart to sleep, and this soul that never knew how to find you, and this wounded flesh that still yearns for you.

You must give me serenity, and you yourself must do it, for nobody else can.

I need you to flow over me like water, to quench me, flood me and leave me at rest. Just once! To be at rest in this world!

I have a great desire to sleep, even if it's under a plot of earth, but only if the earth above me doesn't resemble what I loved so hopelessly while I was alive, only if I stop finding in the earth this gasping I call a life.

I fear nothing so much as ceaselessly being myself. I'm afraid of knowing myself without having known you.

I feel so weary. As if I wrestled with the sea, as if the waves pummeled my body and hurled it against the rocks, and then I, in a sudden fury, grabbed it and tucked it under my arm.

My bones ache. The very blouse on my back aches. And my solitude aches, too, ever since you let me press my mouth to it and blow it into flame.

LXXXIX

Para mí, Señor, no es necesario el Miércoles de Ceniza, porque ni un solo día de la semana me olvido de que fui barro en tu mano.

Y lo único que realmente necesito es que no lo olvides Tú …

LXXXIX

God, I do not need Ash Wednesday. Not one day of the week do I forget that I was once clay in your hands.

If I need anything, I need You to remember that as well as I do.

XC

Yo soy la tierra de aluvión que el agua va arrastrando. No tengo tiempo de formar un árbol, de endulzar una fruta, de lograr una flor.

No calenté dos veces la misma primavera, aunque todas las primaveras me reconocen al pasar.

Las lluvias me desplazan sin disgregarme, el viento me empuja sin romper mi contorno, mi identidad; sigo siendo yo misma, pero perdiéndome constantemente de mi centro. O de lo que yo creía mi centro … O de los que no será mi centro nunca …

XC

I am the flooded earth swept away by the water. I don't have time to form a tree or sweeten a fruit or achieve a flower.

I didn't warm the same spring twice, although every spring recognizes me in passing.

The rains displace me without washing me away, the winds push me about without breaking my form, or my identity. I remain myself, but I constantly lose my center, or what I thought my center was, or what my center will never be.

XCI

Te amo con un amor que puede alcanzarte hasta la otra ribera; la ribera obscura y desconocida donde para seguirte anda mi amor a tientas y como sangrando, pero agarrado siempre a ti.

XCI

I love you with a love that reaches you on the other shore. That dark, unknown shore where, in order to follow you, my love stumbles forth blindly, bleeding, but always holding you tight.

XCII

Te llevaste la lámpara, pero conmigo se quedó la luz. O algo más sutil y más tenue: como la sombra de la luz.

XCII

You took the lamp with you, but the light stayed with me.
Or something more subtle and tenuous, like the light's shadow.

XCIII

Salí de ti hacia la madrugada. Sentí frío porque aún tenía en la carne el calor de tu vida.

Salí de ti. El cielo era tan grande, que tuve que cerrar los ojos … Luego empezó a dolerme la raíz de las alas.

XCIII

It was after midnight when I left you. I was cold because I still carried the warmth of your life in my flesh.

I left you. The night sky was so vast I had to close my eyes. It was then that I felt a sharp pain in the roots of my wings.

XCV

Sed tienes. Y ahora, aunque arrancáramos todos los ríos de su entraña y los allegáramos trémulos, palpitantes, a tu boca, tu sed seguiría flotando por encima de las aguas en tumulto, imposible de anegarse en ellas.

Sed tienes. Y aunque con los dientes rompiéramos nuestras arterias en tus labios, no bastaría toda esta sangre nueva, aún sin nacer aquella tarde, para apagar la llama de tu grito.

Sed tienes. Lo seguiremos oyendo a través de los siglos, a través de los vivos y los muertos.

De monte a monte, de valle en valle, de corazón en corazón, irán rodando esas dos palabras tuyas, terriblemente, inexorablemente irreparables.

Sed tienes ... Verdad, Señor, sed tienes para siempre.

XCV

You're thirsty. And now, even if I ripped up all the rivers from their mouths and put them, trembling and palpitating, against your lips, your thirst would continue to float atop the tumultuous waters, unable to submerge itself.

You're thirsty. We had not be born that distant afternoon, but even if we bit down, even if we bit down on your lips and broke all our arteries, all this new blood would not be enough to put out the flame of your scream.

You're thirsty. We will continue to hear it through the centuries to come, through the living and the dead.

From mountain to mountain, valley to valley, heart to heart, those three words will roll along terribly, inexorably insatiable.

You're thirsty. It's true, Lord. You will always be thirsty.

XCVI

No cambio mi soledad por un poco de amor. Por mucho amor, sí.

Pero es que el mucho amor también es soledad … ¡Que lo digan los olivos de Getsemaní!

XCVI

I wouldn't trade my solitude for a little love. For a lot of love, yes.
But a lot of love is itself a kind of solitude.
Just ask the olive trees of Gethsemane!

XCVIII

¡Cuántos pájaros ahogados en mi sangre, sin estrenar sus alas en el aire de Dios, sin acertar un hueco hacia la luz!

Los esperaba la misma inmensidad del cielo, el libre espacio de las criaturas libres – la nube, la estrella, el rayo …

Y ellos apretujándose en mis venas, abatiéndose en mi garganta, golpeando vanamente ese frágil e inexorable muro de huesos.

¡Cuántos pájaros ahogados me van pasando ahora por este río lento de mi sangre!… ¡Qué ciega muerte la que llevo dentro! Muertes mías y muertes ajenas, muertes de tantas vidas que me dieron y que no supe nunca hacer vivir.

XCVIII

Many birds have drowned in my blood without testing their wings in God's air, without making a small hole in the light.

The vast dome of heaven awaited them, the open space of free things, clouds, stars, lightning.

Dying birds crowd my veins. They swoop down on my throat. Their wings beat helplessly against a frail but merciless cage of bones.

This very moment their bodies float down the slow stream of my blood. How blind death is within me! My deaths, the deaths of strangers, the deaths of the many lives they gave me, and I never found a way to bring even one back to life.

C

Habíamos caminado mucho; pero ahora ya era todo tan firme, tan exacto, que una profunda sensación de consuelo nos invadió serenamente, empezó a circular despacio, como aceite vertido en nuestras arterias.

Aquél era el lugar; aquélla, la casa. Y aunque nunca la habíamos visto, la reconocimos desde el primer instante como si hubiera hablado en el encuentro la voz de la sangre. Una sangre misteriosa que hubiera estado trazando sus caminos en el aire.

También de «dentro» nos reconocieron, porque encendieron todas las luces y abrieron de par en par todas las puertas.

Fue entonces cuando vimos a través de los cristales, a través de las paredes, a través de nuestra vieja ceguera, que todo lo perdido estaba allí, reunido cuidadosamente con paciencia de amor y silencio de fe.

Allí guardados el primer sueño, las alegrías olvidadas, la rosa intacta de la adolescencia, el agua vertical que fue al principio.

Y mientras contemplábamos suspensos la deslumbradora, inesperada riqueza, el tiempo fue perdiendo toda su premura, y el alma toda su angustia, y el mundo todo su imperio.

Y fue así que nos echamos a dormir al pie de las ventanas iluminadas … Creo que sí, que nos dormimos … La noche estaba quieta; y ya lo ves: no entramos en nuestra casa.

C

We had walked a long time, but now everything was so firm, so exact, that a profound sensation of consolation invaded us serenely, it began to circulate slowly, like oil poured into our arteries.

That was the place, and that, the home. And although we had never seen it, we recognized it the moment we saw it, as if it had spoken, in the meeting, the voice of our blood. A mysterious blood that had been tracing its route through the air.

They also recognized us from within because all the lights turned on and the doors opened wide.

It was then that we saw through the glass and through the walls, through our own ancient blindness, that everything that we had lost was there, gathered carefully with the patience of love and the silence of faith.

The first dream was there, the forgotten joys, the intact rose of youth, the vertical water that was at the beginning.

And while we were contemplating this dazzling, unexpected wealth, time lost its speed, the soul lost its anguish, and the world lost its power.

And so it was we lay down to sleep at the foot of the illuminated windows. I think we fell asleep. The night was quiet. And you see? We did not enter our home.

CI

La criatura de isla paréceme, no sé por qué, una criatura distinta.
Más leve, más sutil, más sensitiva.

Si es flor, no la sujeta la raíz; si es pájaro, su cuerpo deja un hueco
en el viento; si es niño, juega a veces con un petrel, con una nube …

La criatura de isla trasciende siempre al mar que la rodea y al que
no la rodea. Va al mar, viene del mar y mares pequeñitos se amansan
en su pecho, duermen a su calor como palomas.

Los ríos de la isla son más ligeros que los otros ríos. Las piedras de
la isla parece que van a salir volando …

Ella es toda de aire y de agua fina. Un recuerdo de sal, de
horizontes perdidos, la traspasa en cada ola, y una espuma de barco
naufragado le ciñe la cintura, le estremece la yema de las alas …

Tierra Firme llamaban los antiguos a todo lo que no fuera isla.
La isla es, pues, lo menos firme, lo menos tierra de la Tierra.

CI

The island creature seems to me, I don't know why, a different kind of creature. Lighter, subtler, more sensitive.

If it's a flower, the roots don't hold it down. If it's a bird, its body leaves a hole in the wind. If it's a child, he plays with a petrel or a cloud.

The island creature always transcends the sea that surrounds it and the sea that does not. She goes to the sea, she comes from the sea, and tiny seas grow calm in the warmth of her chest, sleeping like doves.

The rivers on the island are lighter than other rivers. The stones look like they could take off flying.

She is all air, all gentle waters. A memory of salt, of lost horizons, and the soaking of every wave. The foam left by a shipwreck clings to her waist and the tips of wings send a shiver up her spine.

The ancients called everything that was not an island solid ground. The island, then, is the least solid, the least earth of all the Earth.

CII

Pajarillos de jaula me van pareciendo a mí misma mis sueños.

Si los suelto, perecen o regresan. Y es que el grano y el cielo hay que ganarlos; pero el grano es demasiado pequeño y el cielo es demasiado grande…, y las alas, como los pies, también se cansan.

CII

My dreams are beginning to look like caged birds.

If I let them go, they come back. Or they die.

The sky is something you have to earn. So is a single grain of sand. But the grain of sand is too small and the sky is too vast. And wings, like feet, soon grow weary.

CIII

Como este río que a ningún lado ha de llegar y sigue andando, yo me quedé en la vida, amado mío, yendo hacia ti.

Yendo hacia ti por un camino que era siempre más largo que mi agua, aunque mi agua no se acabara nunca y fuera el corazón quien la empujara.

He vivido mi muerte y he muerto mi vida yendo hacia ti, tanteando tinieblas, confundiendo rastros.

Como este río, sí ... Como este río lento y ciego que no puede detenerse ni volverse atrás, ni desatarse de la piedra donde nació.

Distancia de río ha sido nuestra distancia: la que no se acorta aunque yo camine todo el día, y toda la noche, y toda la vida.

CIII

Like this river the keeps running although it will never arrive anywhere, I chose life, my love, running toward you.

Running toward you along a path that was always longer than my water, even though my water never ended and it was my heart pushing it along.

I have lived my death and I have died my life in your direction, feeling my way through darkness, confusing faces.

Like this river. Yes, like this slow, blind river that can't stop or turn back or break away from the rock from which it was born.

The distance of a river has been our distance, the river that never ends, even if I walk, day and night, my entire life.

CIV

La luna entre los platanales desgarrados tiene esta noche una infinita tristeza.

Es como si la palabra adiós, que nadie dijo, estuviera en el aire, o como si el niño que no nació, se hubiera muerto.

Podríamos caminar hasta mañana y no llegar a ningún sitio; podríamos quedarnos inmóviles aquí, y no llegar a ser nunca mañana.

Pero nadie camina y nadie permanece; sólo los platanales están vivos en esta noche, que es tal vez el espectro de otras noches hace ya muchos años fenecidas.

Sólo yo he sentido el frío de la luna en mi pecho, y en mis ojos, el temblor de las hojas rotas.

CIV

The moon through the disheveled banana trees has an infinite sadness tonight.

It's as if the word *adiós,* which nobody said, were written in the air, as if a child yet to be born died.

We could walk until morning and never get anywhere or we could stay right here and tomorrow would never come.

But nobody goes and nobody remains. Only the banana trees are alive tonight, which might be the ghost of a night that died centuries ago.

I alone have felt the chill of the moon in my breasts. I alone have felt the rustle of fallen leaves in my eyes.

CV

Esta palabra mía sufre de que la escriban, de que le ciñan cuerpo y servidumbre.

He de luchar con ella siempre, como Jacob con su Arcángel; y algunas veces la doblego, pero otras muchas es ella quien me derriba de un alazo.

CV

My poetry suffers whenever I write it down, whenever I give it body, whenever I try to make it serve me.

I have to wrestle with it constantly, like Jacob with his angel. Sometimes I overpower it, but other times it knocks me down with a single twitch of its wings.

CVI

El agua que se queda atrás del río descansa, pero nunca será mar.

CVI

The water that remains behind the river comes to rest, but it will never be the sea.

CVIII

La tierra era seca y triste. El Poeta tuvo que ararla siete años para lograr esposa fea, y otros siete para lograr esposa bella.

Pero la fea le dio hijos que no merecieron su amor, y la bella se le murió pronto en los brazos que aún no habían tenido tiempo de descansar.

Entonces el Poeta siguió arando. Esperaba todavía, con esa paciencia que sólo tienen los soñadores, una tercera esposa.

Y aunque ella, la fecunda como Lía y hermosa como Raquel, la que hubiera sido al fin recompensa de sus fatigas, no llegó nunca, aquel sueño obstinado, tantas veces burlado y tantas otras vuelto a encenderse bajo el viento, obró también su fuerza en el Destino.

Arada por un sueño, la seca tierra había verdecido y estaba ahora llena de variedad de frutos, de dulzura de flor.

Y los hombres fueron felices en la realidad de su tierra, porque un poeta había soñado en vano.

CVIII

The earth was dry and sad. The Poet had to plow it for seven years to obtain an ugly wife and seven more years to win a beautiful wife.

But the ugly one gave him children who did not deserve his love and the beautiful one died in his arms before he could even find time to rest.

And so the Poet continued to plow. He still hoped, with the patience that only dreamers possess, for a third wife.

And even though she, who was fertile like Leah and beautiful like Rachel, who would have been the fruit of all his weariness, never arrived, that stubborn dream, mocked so many times, and so many times catching fire once again in the wind, showed strength in the face of Destiny.

Plowed by a dream, the dry earth grew green and was now full of many fruits and the sweetness of flowers.

And men were happy in the reality of their earth because a poet had dreamed in vain.

CIX

Todo lo que era monte aquí, en esta orilla mía frente a vuestra orilla, ha sido talado para que el sol también me bañe y se conozca hasta el rumbo que tuvieron mis ríos secos.

Todo lo que era flor está cantando; todo lo que era silencio, está ya dicho.

Se sabe el color de mi primera mariposa y la fecha de mi última primavera.

Contado se han los milenios que me llevó cuajar una alborada, redondear una nube, apagar debajo de la carne sordos volcanes y misteriosos géiseres de estrellas.

Los sabios dieron nombre a mis valles, medidas a mi sueño, soledades a mi soledad.

Los niños apuntaron con sus hondas a mis pájaros, y las mujeres lloraron por las mujeres muertas que no me habían conocido como si lloraran por ellas mismas.

Ahora, amigos míos, no es mi culpa si con todos vuestros nombres, vuestras luces y vuestras ansias, no podéis girar en torno a mi cintura.

No es mi culpa de que, al igual que a la vieja Luna, se me quede siempre una mitad en la sombra que nadie podrá ver desde la Tierra.

CIX

Everything that was a mountain here, separating my shore from your shore, has been cut down so the sun could also bathe me and so even the paths of my dry rivers are known.

Everything that was flower is singing. Everything that was silence has been said once and for all.

The color of my first butterfly is known and so is the date of my last spring.

They have counted the millenniums that led me to crystallize a dawn, shape a cloud, and extinguish, there inside my flesh, deaf volcanoes and mysterious geysers of stars.

Wise men gave a name to my valleys, measurements to my dreams, and solitudes to my solitude.

Children aimed their slingshots at my birds and women wept for the dead women who had never known me as if they wept for they themselves.

Now, my friends, it is not my fault if, with all your names, all your lights, and all your anxieties, you could not orbit my waist.

It is not my fault that, like the old moon, nobody on Earth will ever see the half of me that always remains in darkness.

CX

No emplumaron tus sueños y ya quieren volar …

Y es que ellos se conocen las alas antes de que les salgan, y saben que la vida que se hizo para lo alto, peca y se pudre si no da pronto el pecho a su destino.

CX

Your dreams have no wings but they still want to fly.

That's because they know they have wings even before they grow them. They know that life is made for the heights, that life becomes a sin, a piece of rot, if you don't face your destiny at once.

CXI

He ido descortezando tanto mi poesía, que llegué a la semilla sin probarle la pulpa.

CXI

I have been cutting my poetry so much that I have reached the pit without tasting the fruit.

CXIII

Has vuelto a mí después del gran silencio. Traes en los labios una palabra vencedora de la muerte, la única que en verdad pudo salvarse.

Pero ella bastará para llenar el mundo de dulzura, para tejerle redes al tiempo, para rescatar, como enjambre de abejas que no ha ido muy lejos, todas la horas perdidas.

CXIII

You have returned to me after a long silence. You carry in your lips the only word that could save itself, the one word that conquers death.

But that one word will be enough to fill the world with sweetness, to weave a net around time, and to rescue, like a swarm of bees that haven't gone too far, all the lost hours.

CXIV

El mundo entero se me ha quedado vacío, dejado por los hombres que se olvidaron de llevarme.

Sola estoy en esta vasta tierra, sin más compañía que los animales que tampoco los hombres necesitan, que los árboles que no creen necesitar.

Y mañana, cuando les falte el canto de la alondra o el perfume de la rosa, se acordarán de que hubo una flor y que hubo un pájaro. Y pensarán acaso que era bueno tenerlos.

Pero cuando les falte mi verso tímido, nadie sabrá que alguna vez yo anduve entre ellos.

CXIV

The entire world is empty before me, left by men who forgot to take me with them.

I am alone on this vast earth, my only company animals who were left behind as well, and trees, which were not thought necessary.

Tomorrow, when they no longer hear the meadowlark's song, when they no longer smell the rose's perfume, they will remember there was a bird and a flower and maybe then they will think it was good to have had them.

But when they no longer have my timid poems, nobody will know that I once walked among them.

CXVII

Poesía y amor piden paciencia. Amor es espera y sajadura. Poesía es sajadura y espera. Y los dos, una vigilia dolorosa por unas gotas de resina …

Esa preciosa, aromática resina que sólo cae muy lentamente, mientras arriba el sol o la ventisca devora la cabeza de los pinos.

CXVII

Poetry and love ask for patience. Love is waiting and then cutting yourself open. Poetry is cutting yourself open and then waiting. The two together form a painful vigil over a few drops of resin.

That precious, pungent resin that drips so slowly while higher up the sun and the snow devour the tips of the pines.

CXVIII

Habló la nube, y dijo:

— Soy y no soy. Estoy y ya dejé de estar. nada es menos que yo, que no soy nada.

Habló la estrella, y dijo:

— Tampoco yo soy yo. Millones de años llevo de muerta cuando los sabios me dan nombres hermosos.

Habló el sueño, y dijo:

— Yo estoy más allá de la muerte, porque no he nacido todavía. Y aunque puedo quedarme sin nacer, soy ya más fuerte que la vida.

Entonces el hombre que escuchaba se sentó a llorar desoladamente. Todo lo que había contado como suyo no existía; su reino era un reino de fantasmas, su corazón, un corazón sin eco.

Y él, a cambio, había podido vivir y morir día tras día, por cosas que no morían ni vivían.

CXVIII

The cloud spoke and said, I am and I am not. I am here and I am gone. Nothing is less than I, for I am nothing.

The star spoke and said, I do not exist either. I have been dead for millions of years although the wise men have given me beautiful names.

The dream spoke and said, I am beyond death because I have yet to be born, and though I remain unborn, I am already stronger than death.

Then man sat down and wept in desolation. Everything he thought was his did not exist. His kingdom was a kingdom of ghosts and his heart was a heart without echoes.

And yet he had been able to live and die day after day for things that neither died nor lived.

CXIX

Si el hombre perdiera los pájaros del aire, los poetas inventarían nuevos pájaros, sacarían perlas al surtidor, sangre a la música, para imitar el canto fenecido.

Si el hombre perdiera las flores de la tierra, los poetas se las devolverían en cada nube del atardecer, en cada sueño de sus noches. Redivivas por el canto inextinguible, el hombre no podría olvidarlas, y entonces, para él, todo el año sería primavera.

Si el hombre perdiera los poetas, seguiría siendo el dueño del mundo; pero no escucharía el canto de los pájaros, aunque los pájaros cantaran todos los días, ni aunque la poseyera, él sabría en verdad lo que es la rosa.

CXIX

If man lost the birds of the sky, the poets would invent new birds. To imitate the dead song, they would take pearls from the fountain, and blood from music.

If man lost the flowers of the earth, the poets would return them to the clouds of every sunset and the dreams of every night. Brought back to life by the eternal song, man wouldn't be able to forget them, and then, for him, spring would last all year.

If man lost the poets, he would continue to hold dominion over the world, but he would not hear, even if they sang every day, the songs of birds. Nor would he truly understand, not even if he held it in his hands, the meaning of a rose.

CXXI

Poesía, bestia divina y salvaje ... ¡Cuándo podré marcarte las ancas con mi hierro!

CXXI

Poesy! You divine, savage beast! When will I be able to brand your haunches with my iron?

CXXII

¡Qué loco sembrador anda en la noche, aventando luceros que no han de germinar nunca en la tierra!

¿Qué loco labrador rotura día a día la tierra para surco de luceros?

CXXII

Who is this mad farmer who walks all night long scattering stars that will never take root in the earth?

And who is this mad laborer who plows the earth day after day preparing the ground for rows of stars?

de *Melancolia de otoño* | from *Autumn Melancholy*

póstumamente | published posthumously | 1997

V

    Tus ojos tienen la deslumbradora fijeza de los ojos que han mirado a la muerte.

V

Your eyes have the stunned look of someone who has just seen death.

XIII

Por piedad no vayas a tocarme: Las manos de los leprosos no deben infundirte tanto horror como estas manos mías; estas manos finas, suaves, húmedas, que ya tienen yo no sé qué viscosa frialdad de muerto.

XIII

For God's sake, don't touch me. The hands of a leper might fill you with fear, but these hands of mine will fill you with dread. They are cold and meek and moist and for a reason I myself fail to understand they have the vicious apathy of a corpse.

XVII

Yo sé que has tenido miedo anoche. Yo vi cuando te volviste convulsamente cara a la pared.

Fue en lo más hondo de la noche, cuando hasta el viento había enmudecido afuera y el reloj detenido marcaba horas absurdas.

Yo vi cuando arrojaste tu lámpara apagada y agitaste en la sombra una mano abierta y temblorosa; yo escuché el castañeteo de tus dientes y el galope entrecortado de tu corazón.

Y ahora vienes a mirarme con tu mirada limpia y firme y me hablas sabiamente de la vida y tu gesto es magnífico y es fresca tu sonrisa … Pero antes que la sonrisa y el gesto yo sé que tú has tenido miedo anoche.

XVII

I know you were afraid last night. I saw you turn toward the wall
trembling with fear.

It was the darkest part of the night. The wind had died down
and the clock with the broken minute hand began to tick and every
second was absurd.

I saw you push the lamp against the wall. I saw your hands shaking
and your fingers quivering. I heard the gnashing of your teeth and the
labored galloping of your heart.

And now you come to me with a look of strength and purity, and
with magnificent gestures and a newborn smile, you speak to me of
life, and you have never spoken so wisely.

But last night, before the smile and before the gestures, I know you
were afraid.

XXI

Hay gente que si pudiera, arrancaría los rayos de luna, para amarrarse los zapatos.

XXI

There are people who would if they could rip a ray of light down from the moon to tie a knot in one of their boots.

XXIV

Uno no es uno, sino su amor.

XXIV

One is not one's self, but one's love.

XXVI

Tenía esa ignorada y humilde tristeza de los charcos que reflejan el cielo todo el día, todo el día …

XXVI

There was a humble sadness within you, which nobody seemed to notice, like a puddle that reflects the sky all day long.

XXXIII

Este silencio duro y obstinado, es el pecado de soberbia que cometo contra el cielo y contra la tierra.

XXXIII

This strict stubborn silence is the sin of pride I commit against heaven and against earth.

XXXIX

Al pasar junto al pantano heme escondido bajo el chal mi gran ramo de lirios.

Como el fango es obscuro y triste no quiero que sepa que hay cosas blancas en el mundo.

XXXIX

Walking past the bog I hide my bouquet of lilies under my shawl.
The mud is dark and sad and I don't want it to know the world
contains the color white.

XL

Tus manos tienen claridades extrañas: ¿Has andado con estrellas, o las levantaste hacia el alba entre nieblas azules y cristalinas? ¿No tienes miedo de tener manos luminosas?

XL

Your hands have a strange clarity. Have you been walking among the stars? Or did you raise them toward the dawn through a blue, translucent fog?

Aren't you afraid of having luminous hands?

XLIII

Lo único que al final me disculpará del fracas de mi vida, es esta inconsciencia, esta vaguedad con que ya voy por todos los caminos.

XLIII

In the end the only thing that might excuse me for the failure that is my life is the vague, absentminded way in which I go walking down every road on earth.

XLII

Como en la tierra se revuelven y confunden los huesos de todos,
así lo bueno y lo malo se van rodando mezclados al fondo de mi vida.

XLII

Everybody's bones get confused under the earth, and mixed up, like the good and evil that roll around tangled together at the bottom of my life.

XLIV

Algunas veces por este desnudo y encalado muro que es mi vida se deslizan, fugitivas, sombras indecisas, sombras de contornos familiares y lejanos que no recuerdo bien.

Son vagas sombras proyectadas por algo que no busco; vagas sombras sin nombre que pasan un instante y se esfuman pronto, se borran sin emoción, sin miedo y sin deseo …

XLIV

Fugitive wayward shadows of familiar but distant shapes I no longer remember often appear on this bare whitewashed wall that is my life.

Wandering shadows projected by something I have never looked for, that go as quickly as they come, disappearing without regret, fear or desire.

XLV

Ah qué vacía es la Verdad de los hombres. Qué vacía y qué pobre y qué fea.

Ahí me estan hablando de la Lógica y de la Naturelza; a mí, que sólo ya entiendo, escucho, miro y siento una sola cosa: Que te has muerto.

XLV

Oh how meaningless is the Truth of men. How empty, poor, and ugly.
And here they talk to me of Logic. They talk to me of Nature. To me.
A woman who knows nothing, sees nothing, hears nothing and feels
nothing save that you have died.

XLVI

Acariciaré el aire y sonreiré a la sombra por si en la sombra me miras y en el aire me besas.

XLVI

    I will caress the wind and smile at the darkness just in case you're looking at me in the darkness or kissing me in the wind.

LII

Como sé que vas a partir esta noche, he apagado la lámpara para no ver tu partida.

A pesar de mi sabiduría tengo miedo de llorar cuando te vayas.

Y quién sabe si aún pudieras detenerte en la puerta al escuchar mi llanto …

Quién sabe si este llanto te haría titubear, te haría mecer junto a la puerta el pie indeciso …

Y bien triste sería que lo ultimo que me dieras, fuera un minuto de vacilación.

Vete, vete, y déjame llorar como he llorado siempre: Sola.

LII

Since I know you are going to leave tonight, I have turned off the light so I won't have to watch you walk out.

Despite my wisdom I'm scared I'll cry when you leave.

And who knows if you will stop at the door when you hear my tears.

Who knows if my weeping will make you hesitate, if it will make you totter with an indecisive step forward.

And it would be sad indeed if the last thing you ever gave me was a moment's second thought.

Go, go. And let me cry as I have always cried: Alone.

LXXIII

Cuando el creyente se convenció del todo, que el ídolo estaba en el suelo; que había caído y estaba en el suelo manchado de fango y roto en pedazos; cuando con sus propios vio esto y lo palpó con sus propias manos, el creyente, sacudiendo el polvo y la sangre de sus rodillas, se levantó en silencio.

Delante se extendía sin recodo, el camino recto y solitario, bruscamente cortado por el horizonte.

LXXIII

The believer was convinced he owned the truth, but when the relic fell to the floor, when it was broken and stained by the trampling of muddy boots, when he saw the broken shards with his own two eyes and touched them with his own two hands, he quietly stood up and wiped the blood and the dust from his knees.

And then the straight and narrow road of his solitude stretched out before him until the horizon suddenly cut it off.

LXXXII

Melancolía de otoño en mi jardín: El viento de la tarde esponja los árboles mojados de la reciente lluvia y las rosas deshojadas dejan un reguero de pétalos sobre la tierra negra.

Un piano a lo lejos …

Sueñan las cosas en la hora lila y yo pieno dulcemente que me baña el resplendor que se va y me hace como una joven reina lánguida, dueña de todo este ultimo oro …

Melancolía de otoño en mi jardín.

LXXXII

Autumn melancholy in my garden. The afternoon breeze inflates the trees still glistening from the recent rain, and the stripped roses have left a trail of petals across the black mud.

The sound of a piano in the distance.

Everything is dreaming during this lilac hour and my thoughts are full of tenderness while the disappearing splendor of things washes over me and leaves me like a girl queen lying here languidly, the sole owner of these fading bits of gold.

Autumn melancholy in my garden.

CI

Tus ojos obscuros y aterciopelados van a cerrarse. Tus ojos obscuros y aterciopelados van a cerrarse como dos moras silvestres, van a cerrarse. Tus ojos biselados en ónix, encajados en aros de oro puro, orlados de pestañas azulosas, se cerrarán un día lentamente para todos los días y las noches del mundo, para el verde de los campos y para el azul del mar.

Tus ojos – que son como dos moras silvestres – han de cerrarse un día … Y lejos, lejos de mis manos …

CI

Your dark velvet eyes are going to close. One fine day, your dark velvet eyes are going to close like two wild blackberries. They are going to close. Your eyes beveled in onyx, encased in chests of gold, and adorned with blue lashes will close one day for all time, for all days and all nights, and they will never look again upon the infinite green of trees or the eternal blue of the sea.

Your eyes, like two wild blackberries, will close one day, and my hands will be far, far away.

CVI

Los que aman están más cerca de la Muerte.

CVI

Lovers live closer to Death.

CIX

Estoy contenta porque la tierra mojada de lluvia, huele para mí.

CIX

I'm happy because it just rained and the wet earth smells just for me.

CX

Ni destruyo ni creo: No interrumpo al Destino.

CX

I neither destroy nor create. I do not interrupt Destiny.

CXI

¿Qué paz es esta tan callada y tan fría, que tanto se parece a la paz de los muertos…?

CXI

What is this cold quiet peace that comes over me and so closely resembles the peace of the dead?

CXIII

El gran mar se mueve incesamente, desesperadamente y apenas logra rebasar con espumas fugaces la alfombrilla de arena que se le ha puesto como límite: La amargura mía, el mar mío, se mueve sordamente en un torbellino atormentado y apenas llega a asomarse a la vida con un poco de lágrimas en mi cara.

CXIII

The great sea moves in endless desperation. The high tide's dissolving foam barely reaches the line I have drawn in the sand. I have my own bitterness, my own sea, and it flows soundlessly in a painful turbulence through which it barely manages to look at life as two or three tears trail down my cheek.

CXV

El caminante plantó un rosal a orillas del camino y siguió de largo … Pero por mucho tiempo la fragrancia fue con él.

CXV

The vagabond planted a rose on the side of the road and went his way. But for a long time afterward the rose's fragrance followed him.

CXVI

Silencio humilde de la pobre tierra que nadie ama; bello silencio de las flores. Silencio inmóvil de los estanques en éxtasis, oprimido y angustiado silencio de las piedras que no pueden ser suaves. Silencio, el de los gusanos que se arrastran, el de las estrellas … Silencio desesperante de los muertos y el más triste de todos: El terrible silencio del Amor.

CXVI

The humble silence of poor earth nobody loves, the beautiful silence of flowers, the glassy silence of ponds in a trance, the oppressed, anguished silence of stones that can never be soft, the silence of burrowing worms, the silence of the stars, the hopeless silence of the dead, and the silence of Love, which is the saddest, most terrible silence of all.

CXXXVI

Yo no soy yo; apenas la sombra de mí misma.

CXXXVI

I am not I. I am barely my own shadow.

CXLIII

No debemos dejar sólo al topo la de amar la tierra, ni solo al ave, el encanto de hacer suyo el cielo azul.

El amor deben sentirlo todos para todos porque una cosa es el amor y otra cosa es la vida, y bueno será que el cielo se aclare para los ojos que anduvieron mucho por la sombra y que el ala – aunque no esté cansada y haya árboles – se pose alguna vez sobre la tierra.

CXLIII

We shouldn't leave the job of loving the earth to the mole. Nor should we leave the joy of making the sky our own to the birds.

Everyone should love and be loved, for love is one thing and life is quite another, and it will be a good thing indeed when the sun breaks through for the eyes of someone who has walked a long time in darkness, and even though it's not tired and there are plenty of trees, it will be good when the wing touches down on the earth.

CXLXVII

Tristeza otoñal sobre todas las cosas.

Acaba de llover y la sombra de los árboles se perfila sobre los charcos extasiados en el crepúsculo.

No hay sol ya: y todavía no han llegado las estrellas. El cielo vacío, parece más grande. Los troncos mojados se enfilan melancólicamente en una procesión de silencio. Lustrosos y negros se enfilan hacia no sé donde; a través de ellos el mar se alarga quieto y sin color.

La hora triste: Sube el Angelus y yo levanto lánguidamente la fatigada mano, para decir adiós al que se va.

CXLXVII

Everything touched by autumn's sadness.

It just rained and the trees cast their shadows on puddles enraptured by the crepuscular light.

The sun has disappeared. The stars have yet to arrive and the sky, being empty, looks somehow vaster. The wet tree trunks line up in a melancholy procession of silence. Black and lustrous they move toward I don't know where. Through the trees the sea goes on and on without a ripple and without color.

The hour of sorrow and the Angelus rises. I leisurely lift my heavy hand to say goodbye to everything that vanishes.